SE HABLA ESPAÑOL

PARFUMERIES RÉUNIES
MARQUE DÉPOSÉE
26 rue Lafayette
PARIS

GRANDS MAGASINS DES PARFUMERIES RÉUNIES

26 RUE LAFAYETTE PARIS

Imp. Lamaugière 14, r. Paradis Paris

CE CATALOGUE ANNULE LES PRÉCÉDENTS

CATALOGUE GÉNÉRAL

DE TOUTES LES GRANDES MARQUES DE PARFUMERIES (GARANTIES)

VENDUES AUX GRANDS MAGASINS

DES PARFUMERIES RÉUNIES

A DES PRIX EXTRÊMEMENT RÉDUITS

EMBALLAGE FRANCO

Pour tous colis au-dessus de **25** *francs, ne dépassant pas le poids de* **5** *kilos, l'expédition est* FRANCO *de port dans toute la France.*

Pour les sommes inférieures par colis postaux, à raison de **0** *fr.* **85** *par* **3** *kilos et* **1** *fr.* **05** *par* **5** *kilos, aux frais du Client.*

AUCUN ENVOI N'EST FAIT AUX MARCHANDS

LES ORDRES DE LA PROVINCE
ET DE L'ÉTRANGER DOIVENT TOUJOURS ÊTRE ACCOMPAGNÉS
D'UN MANDAT-POSTE

Livraisons à domicile dans Paris et le département de la Seine

SE HABLA ESPAÑOL

DENTIFRICES

RIMMEL pâte aux cerises : le pot ... **1 45**

L. T. PIVER eau dentifrice, le fl. g. mod. **2.70** p.m. **1 75**
pâte dentifrice MAOTCHA, la boîte de 1 25 ... **0 90**
Poudre dentifrice chinoise MAOTCHA la boîte de 1 25 ... **0 75**

RR. PP. BÉNÉDICTINS DE SOULAC

Le flacon de	2 »	4 »	8 »	12 »	20 »
Vendu ...	**1.20**	**2.90**	**5.90**	**8.90**	**15.90**

Pâte dentifrice la boîte de 2 fr. **1.50**, la boîte de 1 25 ... **0 90**
Poudre dentifrice, boîte porcelaine de 3 fr. ... **2 45**
de 2 fr. **1 50** de 1 25 ... **0 90**

Dʀ PIERRE ou BOTOT eau dentifrice :

Le flacon de ...	1.75	3 »	5 »	10 »
Vendu ...	**1.10**	**1.90**	**3.10**	**6.50**

Poudre dentifrice corail au quinquina, la boîte porcelaine de 3 fr. **2 20**, de 1 75 **1 20**, b. cart. de 1.25 **0 90**
Pâte dentifrice, la boîte de 1.25 ... **0 90**

ROGER ET GALLET pâte dentifrice (glycérolée), la boîte porcelaine de 1 25 ... **0 80**
Poudre dentifrice au corail la boîte **0 65** et ... **0 45**

SUEZ eau dentifrice fil vert, le fl. de 4 fr. **2.90**. de 16 fr., **11.50**, de 30 fr., **21.50**. Fil jaune, le flacon de 2.50 **1.65** — Fil rouge le flacon de 2 50, **1.65**, de 15 fr. **10.75**.
Poudre dentifrice orangée, la boîte de 2 fr. ... **1 45**

JOHN EVANS élixir dentifrice :

Le flacon de ...	1.75	3 »	5 »	15 »
Vendu ...	**1.40**	**2.40**	**3.90**	**12.40**

Poudre dentifrice, la boîte de 3 fr. **2.40**, la boîte de 1.75 ... **1 40**

TH. EVANS le flacon de 6 fr ... **4 10**

Dʀ CLARKSONN élixir dentifrice.

Le flacon ...	1.75	3 »	5 »	15 »
Vendu ...	**0.90**	**1.60**	**3.** »	**6.40**

Pâte dentifrice la boîte de 1.25 ... **0 80**

CHERRY BLOSSOM pâte dentifrice tête noire le pot porcelaine **1 40**
La même tête dorée ... **1 60**

VIOLET POUDRE MAO-TCHA la boîte ... **0 90**

ALCOOL de MENTHE de Ricqlès, 3.25 1.60 et ... **1 10**

SARG'SKALODONT crème dentifrice américaine, le tube de 1.25 ... **0 95**

BOTOT poudre dentifrice la boîte de 1.50 ... **1 10**
» boîte porcelaine de 3 fr. **2 20**

CHARLARD p. dent la boîte de 1.25 ... **1 »**
» la boîte de 2.50 ... **2 »**

Sᵀᴱ HYGIÉNIQUE poudre dent. le fl. de 2 fr. **1 60**
Eau dentifrice le fl. **1.75**, **1.25** et **0 95**

DIVERS fabricants. Poudre dentifrice **1.25**, **0,90**, **0.65**. **0 35**

GELLÉ Fᴱˢ Elixir dentifrice à la glycérine, le fl. de 2 fr. **1 45**
Pâte dentifrice à la glycérine, la boîte porcelaine de 1.25 ... **0 80**

D G. V. BONN poudre dentifrice la boîte ... **0 95**

MARTIAL pâte dentifrice au cresson, la boîte ... **0 75**
Eau dentifrice au cresson le fl. **3.50** **2.50** et ... **1 15**

J. M. FARINA eau dentifrice le fl. gr. m. au lieu de 3 fr., **1.90** petit modèle au lieu de 2 fr. **1 25**

MILCENT poudre dentifrice, la boîte ... **0 75**
Pâte dentifrice, la boîte cristal ... **0 85**
Eau dentifrice, le fl. 1/4 de litre de 10 fr. **5.95** le grand fl. de 5 fr. **2.90** le moyen flacon de 3 fr. **1.75**, le petit flacon de **1.75** ... **0 90**

RASPAIL pâte dentifrice hygiénique la boîte porc. ... **0 80**
Eau dentifrice hygiénique le flacon **1.75**, **1.25** et ... **0 95**

VAN DENN MENTHOL antiseptique le fl. de 3.50 **2 90**
POUDRE DENTIFRICE, la boîte de 2 francs ... **1 70**

DENTIFRICES

ÉLIXIR DENTIFRICE ANTISEPTIQUE **DES PARFUMERIES RÉUNIES** le litre **14 50** le 1/2 litre **7 75** ; le quart de litre........ **4 50**

EAU DENTIFRICE SUPÉRIEURE **DES PARFUMERIES RÉUNIES** le litre **6 00** le 1/2 litre **3 50** le 1/4 de litre........ **2 50**

EAU DENTIFRICE **DES PARFUMERIES RÉUNIES** (Marque rouge) le litre **14 50** le 1/2 litre **7 75**, le 1/4 de litre **5 95**, le grand flacon **2 90**, le moyen flacon **1 75** et le petit flacon........ **0 85**

POUDRE DENTIFRICE ANTISEPTIQUE **DES PARFUMERIES RÉUNIES** la boîte cristal........ **1 75**

POUDRE DENTIFRICE AU QUINQUINA extra fine **DES PARFUMERIES RÉUNIES** la boîte **0 95** et........ **0 65**

ÉMAIL JAPONAIS POUDRE DENTIFRICE extra **DES PARFUMERIES RÉUNIES** la boîte **1 45** et........ **0 75**

PATE DENTIFRICE **DES PARFUMERIES RÉUNIES** (Etiquette rouge) la boîte verre........ **0 90**

EAUX DE COLOGNE

PINAUD ET VIOLET eau de Cologne, bouchon Stilligoutte, le fl........ **0 75**

VIOLET eau de Cologne, Bouquet impérial de Russie. Iris ambrée, le fl. crist 1/4 de lit. au lieu de 8 f. **5 45**

LEGRAND eau de Cologne d'Oriza, extra-forte le flacon au lieu de 3 fr........ **2 25**

Le 1/2 litre au lieu de 6 fr........ **3 90**

HOUBIGANT eau de Cologne supérieure le 1/2 litre au lieu de 6 fr........ **4 50**

Eau de Cologne (bouquet impérial russe) le flacon de 7 fr... **5 20** le 1/2 litre........ **14 75**

Eau de Cologne fine le 1/2 litre **3.80** le litre........ **7 40**

Eau de Cologne distillée à la vapeur le litre **13.50**, le 1/2 litte **6.90** le 1/4 de litre........ **3 90**

EAU DE COLOGNE en litre et 1/2 litre, pour la toilette et le bain diverses marques 1/2 litre **1 95, 2 25, 2 70**, et........ **3 25**

le litre **3 50, 4 25, 5 20** et........ **5 90**

H. DE SAINT GENOIS eau de Cologne, marque d'or le flacon **2.90** **1.40** et........ **0 95**

J. M. FARINA eau de Cologne marque noire le flacon de 1 franc **0 65**, de 2 fr. **1.25**, de 3 fr. **2.35** le 1/2 lit. de 6 fr. **4.50** le litre de 12 fr........ **8 60**

Eau de Cologne marque rouge le flacon de 1 fr. **0.65** de 2 fr. **1.25** de 3.50........ **2 50**

Eau de Cologne extra-vieille le flacon de 2 fr. **0.95** de 3.50 **1 90** le 1/4 de litre de 5 fr. **3 75** le 1/2 litre de 9 fr. **6 90** le litre de 16 fr........ **13 50**

Eau de Cologne allemande marque dite JULICHS PLATZ **0 95 1 90** **3 75**

ED. PINAUD eau de Cologne nº 18 le 1/2 litre **4 25** le litre........ **7 90**

Eau de Cologne des Princes le flacon de 2 fr. **1 45** le 1/2 litre de 6 fr. **4 50** le litre de 12 fr........ **8 75**

Eau de Cologne musq. reine le flacon de 5 franc........ **3 90**

DELETTREZ eau de Cologne du grand cordon le l. **13.90** le 1/2 litre........ **7 50**

EAUX DE COLOGNE

VIOLET eau de Cologne ambrée le flacon **3 40**

Eau de Cologne de la Reine des Abeilles **4 90 3 40** **2 25**

GELLÉ F[RES] eau de Cologne nº 12 — le litre **6 75**

ROGER ET GALLET eau de Cologne Anthéa ambrée (bouq. impérial russe) le flacon de 6 fr. **4 90** le 1/2 litre **14 75**, le litre **29 50**

ATKINSON (de Londres) eau de Cologne anglaise le 1/2 l. **6 90**, le 1/4 de litre **3 60**

Le petit modèle **1 85**

EAU DE COLOGNE 4711 le litre **16 50** le 1/2 l. **8 95** le 1/4 de litre **4 25** MM **2 50** P M **1 50**

EAU DE COLOGNE **DES PARFUMERIES RÉUNIES** pour bains et frictions le litre **3 50** le 1/2 litre **1 90**

EAU DE COLOGNE **DES PARFUMERIES RÉUNIES** (spéciale pour frictions) le litre **4 95** le 1/2 litre **2 50**

EAU DE COLOGNE AMBRÉE **DES PARFUMERIES RÉUNIES** le litre **5 95** le 1/2 litre **3 25**

EAU DE COLOGNE extra-fine **DES PARFUMERIES RÉUNIES** le litre **8 50** le 1/2 litre **4 75**

EAU DE COLOGNE extra vieille **DES PARFUMERIES RÉUNIES** le litre **11** fr. le 1/2 **6** fr. 1/4 de litre **3 25** le petit modèle **1 75**

EAU DE COLOGNE IMPÉRIALE RUSSE **DES PARFUMERIES RÉUNIES** le litre **14 50** le 1/2 litre **7 75** le 1/4 de litre .... **4 [illegible]**

EAU DE COLOGNE **DES PARFUMERIES RÉUNIES** (Marque Noire) le litre **13 50** le 1/2 litre **6 90** le 1/4 de litre **3 75** le grand modèle **1 90** le pet. modèle **0 95**

EAU DE COLOGNE parfums assortis le flacon **1 75**

EAUX DE TOILETTE

HOUBIGANT 1/2 litre **7 20** le 1/4 de litre **3 20**

Le modèle de 3 fr. **1 60**

Eau spiritueuse pour la toilette parfums ass. le mod. de 3 fr. **1 75**

Modèle le 1/2 litre **3 45**, le litre verre noir **12 95**

Demi-litre émeri **7 60**

Eau de toilette peau d'Espagne le modèle de 5 fr. **3 90**

Le demi litre émeri **9 75**

LUBIN eau de toilette Lubin le modèle de 2 fr. **1 80**

Le litre **12 60**, la 1/2 bouteille **5 25**

Le grand modèle **5 10**

PINAUD eau de toilette Pinaud, verveine des Indes, le grand flacon de 6 fr. **3 95** le modèle de 3 fr. **1 90**

Parfum pour la toilette, le modèle de 3 fr. **2 45**

Eau de toilette à l'Iris, le modèle de 4 fr. **2 90** le 1/2 litre **8 90**

Eau de toilette Marie-Louise le mod. de 5 francs **3 90**

EAUX DE TOILETTE

PINAUD eau de toilette à l'Ixora, le petit modèle........ **1 90**

Le modèle de 5 fr.................. **3 50**

Eau de toilette violettes de Parmes le modèle de 4 fr.................. **2 60**

LEGRAND eau Floréine Legrand le mod. de 2 50........ **1 90**

Oriza, toilette foin coupé le demi-litre **5 20**, le flacon....... **1 90**

L. T. PIVER eau de toilette au corylopsis, le mod. de 7 fr. **4 75**, le mod. de 3 50.............. **1 90**

Eau de toilette fin de siècle, le mod. de 4 francs.................. **2 90**

VIOLET eau de toilette ext. violette le flacon.................. **3 25**

Eau de toilette muguet des bois, mod. de 7 fr. **4 75**, mod. de 3 fr.. **1 90**

Eau de toilette Méiza, le fl. de 6 francs.................. **4 50**

Eau de toilette lilas blanc le modèle de 3 fr.................. **1 90**

Eau de toilette ambre royale le modèle de 8 fr.................. **5 50**

DELETTREZ eau de toilette à l'amaryllis du Japon, le flacon au lieu de 2 50.................. **1 90**

Eau de toilette extrait de vervein le 1/2 lit. **4 50** le fl.................. **2 90**

ROGER & GALLET eau de toilette Vera violette le litre **22 50** le 1/2 lit. **12** fr. le GM **4 50** le PM.................. **2 90**

Eau de toilette, tous les parfums, au lieu de 2 50.................. **1 75**

Le gros flacon au lieu de 5 francs.................. **3 50**

ANTHÉA parfum spécial, le fl. au lieu de 3 fr........ **1 75**

WIGGISHOFF eau de toilette, lilas fleuri au lieu de 2 francs le flacon.................. **1 75**

Le 1/2 litre **6 90** le grand flacon 1/4 de litre.................. **3 90**

Opoponax au lieu de 6 90 le grand flacon 1/4 de litre.................. **3 90**

VACHON, BAVOUX & Co eau de toilette héliotrope blanc le 1/2 litre **5 75** et le flacon.................. **1 75**

MONPELAS eau de toilette, au lilas russe, le fl... **1 45**

BLANC & FABRE Toilette Royal Oak. m. rond **3 45**

Toilette amadys ; le flacon........ **2 25**

EAU DE TOILETTE **DES PARFUMERIES RÉUNIES** parfums assortis le litre **15 90**, le 1/2 litre **8 45**, le 1/4 de litre **4 75**, le petit modèle.................. **1 75**

EAU DE TOILETTE **DES PARFUMERIES RÉUNIES** (Parfum Unique) le flacon.................. **1 75**

EAU DE TOILETTE spéciale **DES PARFUMERIES RÉUNIES** à la teinture de Benjoin le litre **10 95**, le 1/2 litre **5 75**, le 1/4 de litre **3 75**, le grand flacon **2 75**, le flacon petit modèle.................. **1 50**

EAU DE TOILETTE **DES PARFUMERIES RÉUNIES** (au Lilas d'Espagne) le litre **13 50**, le 1/2 litre **6 90**, le 1/4 de litre **3 75** le petit modèle.................. **1 75**

VINAIGRES DE TOILETTE

VINAIGRE DE TOILETTE LACTESCENT. Vachon, Bavoux et Co, au lieu de 2 francs.................. **1 05**

SOCIÉTÉ HYGIÉNIQUE vinaigre de toilette le flacon.................. **1 05**

GELLÉ Frères, vinaigre de toilette assorti de parfums, au lieu de 2 fr., le flacon.................. **1 25**

ED. PINAUD vinaigre de toilette à la violette de Parme et Opoponax au lieu de 2 fr....... **1 25**

Vinaigre de toilette à l'ixora le flacon de 2 fr.................. **1 10**

DELETTREZ vinaigre de toilette amaryllis du Japon, au lieu de 1 75 le flacon........... **1 40**

VIOLET vinaigre du Champaka. **1 45**

J. V. BULLY vinaigre de toil. le fl. de 3 fr..... **2 10**

Le flacon de 1 50................ **1 »**

J. H. PENNÈS vinaigre de toil. le fl. de 2 fr.... **1 75**

Le flacon de 12 fr................. **9 75**

J. M. FARINA vinaigre à l'eau de Cologne bouchon syst. stilligoutte le fl. de 2 fr. **1 10**

L. T. PIVER vinaigre de toilette au cory, le fl. de 3 50. **2 10**

PARFUMERIE Rationnelle vinaigre de toil. du Val-de-Flore, le litre **6 75**, le flacon de **1 50** et........................ **0 95**

LUBIN vinaigre de toilette, le flacon de 2 25............ **1 90**

VINAIGRE DE TOILETTE **DES PARFUMERIES RÉUNIES** (Marque rouge) le flacon............................. **1 25**

VINAIGRE DE TOILETTE **DES PARFUMERIES RÉUNIES** (Marque Noire le 1/2 litre **4 50**, et le flacon.......................... **1 »**

EAUX DE LAVANDE

GELLÉ Frères. eau de Lavande ambrée, le flacon **1 25** et **0 65**

L. T. PIVER eau de Lavande le fl. **1 50** et......... **0 65**

VIOLET eau de Lavande le flacon 1 50 et................. **0 75**

ROGER & GALLET eau de Lavande le flacon.............. **1 25**

ED. PINAUD eau de Lavande, le flacon........ **1 50**

DEMARSON ET CHETELAT eau de Lavande écossaise le flacon..... **2 45**

ED. PINAUD eau-de-vie de Lavande ambrée bl. le m. de 4 francs.................. **2 60**

LEGRAND eau de Lavande **d'oriza** le flacon.... **2 10**

HOUBIGANT eau de Lavande le flacon 1/4 litre au lieu de 6 francs........................ **3 90**

Le litre........................... **6 25**

Eau-de-vie de Lavande ambrée double, le flacon de 4 fr.......... **2 75**

ED. PINAUD eau de Verveine, le flacon........ **1 50**

EAU DE LAVANDE ambrée **DES PARFUMERIES RÉUNIES** le litre **5 95**, le 1/2 litre **3 25** le 1/4 de litre............................. **1 90**

ESSENCES & EXTRAITS

L. LEGRAND essence de violettes du Tzar, le modèle de 5 fr.......................... **3 90**

Extrait oriza, foin coupé le flacon de 3 fr. **2 25** de 2 20........... **1 90**

Extrait iris bl. le modèle de 4 francs........................ **2 90**

Crayons solidifiés tous les parfums.......................... **1 90**

LUBIN double extrait le mod. de 2 fr........................ **1 75**

Le modèle de 3 50................. **2 90**

PINAUD essences assorties, le modèle de 8 fr. **5 75**, de 5 fr., **2 90** de 3 fr.......................... **1 75**

Essence violettes de Parme le fl. de 5 fr. **3 40** de 3 fr............. **2 25**

Essence Marie-Louise le flacon..... **4 90**

Essence ixora, le fl. de 7 fr. **4 25** de 5 fr.......................... **2 95**

Essence lilas de France le fl. de 5 fr. **3 90** le fl. de 4 fr......... **2 75**

Essence Théodora et essence Borghetto le flacon............... **3 90**

Violette reine, le flacon............ **3 90**

ESSENCES & EXTRAITS

GELLÉ Frères. Essence Paris caprice, le flacon........ **2 50**

HOUBIGANT essence violettes russes le fl de 6 fr **4 50**
Essence Peau d'Espagne le flacon de 7 fr................ **4 70**
Essence royal Houbigant le flacon de 12 fr................ **8 40**
Essence violette idéale le flacon de 10 fr................ **6 75**
Extrait, héliotrope blanc Impérial russe, lilas de Perse, Iris blanc, chypre, foin, violette, le flacon........ **3 50**
Essences assorties, le mod. de 7 fr. **5 20**, le mod. de 5 fr. **3 45**, de 3fr. **2 40**
N° 2 quintessence bouton d'or...... **6 25**

DELETTREZ amarylis du Japon le fl. **3 90** et...... **2 25**
Extrait d'héliotrope blanc le flacon de 2 75................ **1 75**
Peau d'Espagne................ **2 50**
Essence sampagnita le flacon **6 90** **3 90** et................ **2 90**

ROGER ET GALLET extrait de tous les parfums au lieu de 2 fr. le flacon........ **1 10**
Extra-fin le flacon au lieu de 3 francs................ **2 25**
Extraits blancs, violette blanche héliotrope blanc, iris blanc, rose blanche, chèvrefeuille, le flacon cristal au lieu de 3 fr................ **2 40**
Essences spéciales le flacon de 5 fr................ **3 75**
Extrait violette de Parme le mod. de 4 fr................ **2 90**
Extrait Jockey-Club le flacon **5 30** et................ **3 90**
Vera Violetta, le flacon **17 50, 8 40** **5 50** et................ **3 40**
Essence aromis 5 50 et........ **3 90**
Violette Ambrée 7 75 et........ **5 75**

VIOLET Extrait, qualité extra, 20 parfums le flacon bouché émeri, au lieu de 3 fr................ **2 40**
De 2 francs................ **1 40**
Extra violettes, le flacon de 8 fr... **5 50**
— — 6 fr... **4 50**
Essence ambre royal le fl. **5 50** et **4 50**
Toute la série d'essences pour le mouchoir, modèle de 5 fr........ **3 70**

PIESSE ET LUBIN de Londres, extrait à l'opoponax **4 50 2 75** et................ **1 90**

GOSNELL de Londres, extrait Cherry-Blossom **4 50** **2 25**

J ET E. ATKINSON de Londres, extrait **18 75**, **9 60, 5 » »**, **2 90** et................ **1 45**

L. T. PIVER triple extrait au corylopsis le mod. de 15 fr. **10 75**, le modèle de 8 fr. **5 75** de 6 fr. **3 75** de 3 50................ **2 25**
Bouquet fin de siècle le flacon de 5 fr. **3 90**, de 4 fr................ **2 90**
Select parfum le fl. de 5 fr........ **3 45**
Paris bouquet le fl. de 3 fr........ **2 45**
Essence chevrefeuille le fl. de 3 fr. **2 45**
Violette de Parme le fl................ **3 75**
Essence accacia le flacon au lieu de 5 fr................ **3 90**

VIGGISHOFF extrait au lilas fleuri, le flacon... **2 25**

MONPELAS triple extrait, au lilas russe le fl..... **1 50**

BLANC ET FABRE extrait amadys, et Royal, Oak le flacon................ **2 90**

TRIPLE EXTRAIT pour le mouchoir, parfums assortis, **DES PARFUMERIES RÉUNIES**, le flacon **1 45** et................ **0 75**

TRIPLE EXTRAIT qualité supérieure pour le mouchoir, parfums assortis **DES PARFUMERIES RÉUNIES** le flacon **3 90, 2 90** et................ **1 90**

EXTRAIT qualité extra pour le mouchoir (Étiquette dorée) parfums assortis **DES PARFUMERIES RÉUNIES** le flacon **5 50** et................ **3 90**

ESSENCES & EXTRAITS

ESSENCE CONCENTRÉE pour le mouchoir (Etiquette rouge) parfums assortis **DES PARFUMERIES RÉUNIES** le flacon **4 75 3 75** et **2 75**

ESSENCE CONCENTRÉE pour le mouchoir parfums assortis **DES PARFUMERIES RÉUNIES** modèle unique le grand flacon **6 50**

POUDRES DE RIZ & D'AMIDON

VIOLET poudre de riz, grasse la boîte **1 25**

Poudre de riz, Meiza de Perse la boîte au lieu de 4 fr. **2 75**

Poudre de riz tzarine, la boîte de 3 fr. **1 90**

Poudre de riz au muguet des bois la boîte de 3 fr. **1 90**

Poudre de riz aux fleurs de lys de Kachmyr la boîte de 4 fr. **2 90**

Poudre de riz extra violette la boîte **3 90**

Poudre de riz reine des abeilles la boîte **4 90**

Poudre de riz ambre royal la boîte **3 90**

WIGGISHOFF poudre de riz au lilas fl. la boîte .. **1 75**

Poudre de riz, Paris-Parfum, la boîte **1 75**

HOUBIGANT poud. de riz violette San-Remo la boîte de 4 fr. **2 25**

Poudre de riz héliotrope blanc la boîte au lieu de 4 fr. **2 75**

Poudre de riz Ophélia la boîte au lieu de 4 fr. **2 60**

Poudre de riz peau d'Espagne la boîte au lieu de 6 fr. **4 50**

Poudre de riz **Royal Houbigant** création nouvelle, la boîte **6 75**

LEGRAND oriza powder, l'étui carré de 2 fr. **1 20**

Poudre de riz Ninon de Lenclos, la boîte de 4 fr. **2 60**

Poudre de riz au **Datura** indien la boîte de 5 fr. **3 45**

LECOMTE duvet de Ninon, la b de 3 75. .... **3 25**

LUBIN poudre de riz Maréchale, le paquet **1 75**

POUDRE de riz diaphane, Sarah-Bernhardt **1 85**

ST-JUST poudre de riz Maréchale, l'étui **1 10**

VIARD veloutine, la boîte de 3 fr. **2 15**

MIGNOT **Germandrée** poudre très fine, la b. de 5 fr. ... **3 35**

CH-FAY veloutine préparée au bismuth la boîte de 4 fr. **1 80**

La même sans bismuth. au lieu de 3 50 .... **1 70**

Fleur d'amidon parfumée la boîte de 2 fr. **1 10**

ATKINSON (de Londres) poudre de toilette, violette ou Maréchale **1 90**

Demi-livre anglaise **1 25**

GOSNELL poudre de toilette (Cherry Blossm g. mod. **1 45**

SARAH FÉLIX poudre de riz des fées, la boîte de 6 fr. **3 90**

La petite boîte de 2 fr. **0 95**

LADVOCAT-DARQUET Fleur de cygne grande boîte de 3 fr. **1 90**

Fleur de cygne, boîte de 1 50. .... **0 95**

Fleur de riz superfine, le paquet de 125 grammes **0 60**

Le paquet de 60 gr **0 30**

Poudre d'amidon pour la toilette des bébés, parfumé à la violette, la boîte de 500 gr. **1 25**

De 250 gr. **0 75**. le paquet de 125 gr **0 30**

Nous tenons à la disposition des Dames la Poudre d'amidon avec ou sans parfum.

POUDRES DE RIZ & D'AMIDON

BOURJOIS & Cie poudre de riz **Java** la boite au lieu de 1 50 ... **0 60**

Poudre de riz la séduisante, la boite ... **0 35**

Poudre de riz Iris, Flore la boite **3 90**

Poudre de riz Manon Lescaut la b. **2 90**

DORIN Poudre de riz extra, très adhérente et invisible, la b **0 75**

Veloutée sans bismuth la boite de 2 fr. ... **1 40**

Poudre grasse pour le Théâtre la gr. boite 1 10, la boite ... **0 60**

Dorine poudre de riz compacte, la boite de 3 fr. ... **1 75**

Dorine de poche, boite aluminium avec houppe ... **2 20**

Dorine de poche, boite carton avec houppe ... **0 75**

Plaquettes rechange Dorine ... **0 50**

Poudre de riz Ziska ... **0 60**

ED. PINAUD poudre de riz extra fine, tous les parfums le paquet ... **0 65**

Poudre de riz à l'héliot. blanc l'étui de 2 50 ... **1 90**

Poudre de riz reine (extra) la boite de 4 fr. ... **2 90**

Poudre de riz à la violette la boite haute de 2 fr. ... **0 95**

Poudre de riz lilas de France, la boite de 3 fr. ... **2 60**

Poudre de riz à l'ixora, l'étui de 2 50 ... **1 75**

Poudre de riz Marie-Louise, la boite de 5 fr. ... **3 90**

L. T. PIVER poudre de r. au lait d'Iris, le paquet ... **0 95**

Poudre de riz au corylopsis, la boite de 3 fr. ... **1 90**

ROGER & GALLET poudre de riz extra fine, la boite ... **1 25**

Poudre de riz Glycis tous les parfums la boite au lieu de 4 fr. ... **2 90**

Poudre de riz parf. concentrés, la boite au lieu de 5 fr. ... **3 90**

Poudre de riz héliotrope blanc, la boite au lieu de 5 fr. ... **3 40**

Poudre de riz Anthea, la boite de 3 fr. ... **1 90**

Poudre de riz Délicia extra-fine, la boite de 5 fr. ... **3 75**

Poudre de riz Peau d'Espagne ou iris blanc la boite au lieu de 5 fr. ... **3 40**

Poudre de riz veloutée de lys la boite au lieu de 2 fr. ... **1 40**

Poudre de riz Vera-Violetta, la boite de 5 fr. ... **3 40**

Poudre de riz Aromis, la boite ... **3 90**

Poudre de riz Violette ambrée la boite ... **3 90**

ONDINE poudre amidon pour la toil. et le bain 250 gr. ... **1 10**

125 grammes ... **0 60**

Poudre de riz, 250 gr. ... **1 75**

125 grammes ... **1 10**

POUDRE DE RIZ MANILLE **DES PARFUMERIES RÉUNIES** invisible et adhérente en quatre nuances, parfum unique, la boite ... **0 60**

POUDRE DE RIZ VÉNITIENNE **DES PARFUMERIES RÉUNIES** grasse et adhérente, quatre nuances et quatre parfums, la boite ... **0 75**

POUDRE DE RIZ extra **DES PARFUMERIES RÉUNIES** invisible, 3 nuances à tous les parfums, la boite ... **1 25**

POUDRE DE RIZ ROYALE HERMINE **DES PARFUMERIES RÉUNIES** 3 nuances à tous les parfums la boite ... **1 90**

POUDRE FLEUR D'AMIDON **DES PARFUMERIES RÉUNIES** purifiée à l'alcool, parfumée à la Violette, pour la toilette et bains les 500 grammes **1 50**, les 250 grammes **0 95**, les 125 grammes ... **0 50**

SAVONS

ORIZA LEGRAND savon à l'Iris de Florence, le pain 0 95
Savon lacté, le pain 1 50
Savon tous les parfums le pain 1 75
Savon au **Datura** boîte de 3 pains 7 »
Savons de l'Aigle noir, la boîte de 3 pains 4 25
Savon Oriza, la boîte 3 pains 3 90

L. T. PIVER Opoponax, la boîte de 3 pains 3 90
Savon au **corylopsis**, la boîte 4 70
Savon suc de laitue, lait d'iris 3 50
Savon à la violette des bois, la boîte de 3 p. au lieu de **5** fr. 3 90

PERSENT & Cie Savon Cosmydor, le pain 0 50

WIGGISHOFF savon au lilas fleuri, la b de 3 p. 3 50
Le pain 1 25

SAVON des FAMILLES le pain **0 25** la boîte de 12 pains. 2 50
Des BÉBÉS, la boîte de 3 pains 1 20
Ponce **Société Hygiénique** pain **nº 1, 95**; **nº 2 65**; **nº 3 55**; et nº 0 .... 0 40
Continental l'**explorateur** le pain 0 45
Continental **bouquet violettes** le pain 0 45
Continental **Léa** le pain 0 50
Continental **Thridace** la boîte de 3 pains 2 25
Continental **Velléda** la boîte 3 pains **2 85**, le pain 1 05
Blanc de Marseille, garanti pur, le pain de 400 grammes .... » 25

MONPELAS savon printanier et au lilas russe, la boîte de 2 pains avec sachet 1 10

HOUBIGANT savon Impérial Russe le pain 3 90
Savon tous les parfums, le pain 1 50
Savon balsamiques, le paquet de 3 pains 1 40
Savon à l'Iris, la boîte de 3 pains 2 90
Savon lait de thridace la boîte 3 15
Savon fougère royale la boîte 3 75
Savon Ophélia, la boîte 4 25
Savon peau d'Espagne la boîte 6 90
Savon violettes San Remo la boîte 6 90
Savon royal Houbigant, le pain 4 75

VIOLET Savon surfin à la violette des Alpes, la b. de 3 p. 1 65
Le pain 0 60
Savon thridace ou veloutine, la boîte de **5** fr 3 25
Savon au muguet des bois la boîte 3 75
A l'Iris bl., Iris ambrée, Iris musq. la boîte 4 25
Savon mousseline assortis, le pain .... » 40
Au kadsurah, la boîte 3 90
Savon extra fin, chypre mimosa, ambre, la boîte de 3 pains au lieu de **17** fr 8 50

ED. PINAUD à l'Opoponax, la boîte de 3 pains 4 25
Savon brise des champs boîte de 3 pains de **2** fr 1 35
Savon superfin odeurs assorties la boîte de 3 pains 1 80
Savon crème neige, la boîte 2 75
Savon au sable, le pain 0 30
Savon au suc de laitue ou à l'ixora la boîte de **5** fr 3 50
Savon dermophile aux violettes de Parme, la boîte de 3 pains 4 25
Au mimosa, la boîte de 3 pains 4 25
Savon au lilas de France à l'ylang-ylang, boîte de 3 pains 5 50
Savon au foin coupé, au cold cream la boîte de 3 pains 4 25

SAVONS

VAISSIER savon du Congo Boite de 3 pains............ **1 20**

PEAR'S unscented soap le pain.................... **» 50**
Soap 30 0/0 de glycérine la boite........................ **2 15**
Tablettes nº 1, la boite de 3 pains.. **2 60**
Soap, tablettes nº 2, la boite de 3 pains...................... **3 90**

GELLÉ FRÈRES, nº 530 savons superfins assortis, le pain 0 50, la boite de 3 pains.................. **1 40**
Savon en barre sans parfum ou amandes amères, détail à raison de le kil.......................... **1 75**
Savons légers pour bains, le pain 0 10 la douzaine .... **1 »**
Savon clycérine la boite de 3 fr.... **2 10**

Vve BOSSÉ savon au lait de son, la boite de 6 pains... **1 85**

ROGER ET GALLET Savon double parfum boite 3 pains de 4 fr.................. **2 90**

ROGER & GALLET Savon Jockey Club, la boite de 3 pains................ **8 40**
Savons surfins assortis, la boite de 3 pains.............................. **3 60**
Savon violette de Parme la boite... **4 75**
Savon peau d'Espagne la boite.... **8 50**
Savon au suc de laitue qualité extra boite 3 pains..................... **3 75**
Savons vera violetta, la boite de 3 pains.............................. **8 40**
Savon violette ambrée la boite.... **8 40**

LUBIN savons assortis le pain au lieu de 2 fr.............. **1 60**
Savons assortis de parfums, le pain grand modèle.................... **2 75**

DÉMARSON Chetelat, savon lavande ambrée, la boite de 5 fr................................ **3 15**

LAVANDIER savon incomparable le pain.............. **» 45**

DELETTREZ savon à l'amaryllis du Japon la boite de 3 pains................................ **5 50**

RIÉGER savon transparent à la glycérine, la boite...... **2 10**

SAVONNERIE DES PARFUMERIES RÉUNIES

SAVON AUX AMANDES AMÈRES ET AU SUC DE LAITUE...... le pain **0 30**
SAVON FIN à tous les parfums.................... le pain **0 40**
SAVON BABY SOAP.................................. le pain **0 40**
SAVON A L'EAU DE COLOGNE......................... le pain **0 45**
SAVON SURFIN AU BOUQUET DE MANILLE à tous les parfums le pain **0 50**
SAVON SURFIN A LA VIOLETTE DES JARDINS............ le pain **0 60**
SAVON SUPERFIN RECUERDO, à tous les parfums....... le pain **0 75**
SAVON A LA LAVANDE AMBRÉE......................... le pain **0 75**
SAVON A LA PEAU D'ESPAGNE......................... le pain **0 50**

SAVONNERIE DES PARFUMERIES RÉUNIES

IDÉALE, SAVON AUX VIOLETTES DE PARME.................. le pain	1 25
SAVON EXTRA FIN BOUQUET DE NICE à tous les parfums le pain	1 00
SAVON IMPÉRIAL DE THRIDACE.................. le pain	1 00
SAVON PRIMAVERA à tous les parfums.................. le pain	1 25
SAVON A L'EAU DE COLOGNE RUSSE.................. le pain	1 50
SAVON DES FAMILLES.................. la douzaine	2 00
SAVON DES FAMILLES supérieur.................. la douzaine	2 75
SAVON MONSTRE, le pain de 350 gr. 0.40.................. le pain de 225 gr.	0 25

POUDRES DE SAVON

ROGER ET GALLET poudre de savon 6 parf., la boîte poudrière 90 et..........	0 60
Poudre de savon aux violettes, la boîte bois..................	0 90
VIOLET poudre de savon, la boîte..................	0 40
Flacon stilligoutte..................	1 10
VACHON, BAVOUX poudre de savon à tous les parf. l'étui..................	0 60
POUDRE DE SAVON **DES PARFUMERIES RÉUNIES** parfums assortis l'étui	0 60

CRÈMES DE SAVON

GELLÉ frères, Roger et Gallet et Violet, le pot porcelaine	0 95
GELLÉ Frères, crème de savon, Rose, Violette, Opoponax, Régina, la boîte porcelaine..................	0 95
VIOLET crème de savon, assortie de parf., la boîte porcel...	0 95
CRÈME DE SAVON Thridace et Veloutine, le pot de porcelaine..................	1 45
L. T. PIVER crème de savon au suc de laitue, le pot porcelaine..................	1 60
ORIZA LEGRAND crème de savon aux amandes amères, le pot..................	1 50
Crème de savon mousses de roses printanières, le pot..................	2 25
CRÈME DE SAVON Glycya, la b. porc....	1 90
ROGER & GALLET crème de savon aux amandes amères doub. cuvette, la boîte....	1 40
HOUBIGANT crème de savon Fougère Royale et lait de Thridace le pot porcelaine........	1 60
Crème de savon de Naples le pot..	1 25
CRÈME DE SAVON **DES PARFUMERIES RÉUNIES** pour la barbe aux amandes amères et au suc de laitue, le pot **1 45** et..................	0 95

LAIT POUR LE TEINT

VACHON BAVOUX & Cie lait d'Iris, le litre 6 75, le 1/2 litre 3 50, le flacon... 1 15

MOTHIRON lait d'amandes, le flacon... 1 25

L. T. PIVER lait d'Iris, le mod. de 2 fr... 1 10
Le litre 6 75, le demi litre 3 50, le modèle de 3.50... 2 30
Glycérine savonneuse, le mod. de 2 fr... 1 45
Le mod. de 3 50... 2 25

ED. PINAUD lait d'Hébé à l'iris, demi-litre 3 75, le mod. de 2 francs... 1 10

Dr DYS Sachets de toilette pour mettre dans l'eau, la boîte de 100 sach. 6 50 : la boîte de 50 sachets... 4 »

CANDÈS lait antéphelique, le fl. de 5 fr... 3 05

VIOLET lait de lys de Kachemir, le mod. de 2 fr. 1 20, le demi-litre de 5 fr... 3 75

L. LEGRAND Oriza Lacté, lotion émulsive le fl. de 5 fr 3 40

FLEUR du bouquet de noce le mod. de 4 fr... 2 90

H. DE SEGRÉ lait dermatique, le fl. de 8 fr... 4 25

LAIT D'IRIS **DES PARFUMERIES RÉUNIES** le litre 6 75, le demi-litre 3 50 le flacon... 1 10

CRÊMES & VASELINES

CRÊME SIMON le pot de 1 25.. 0 70
Le pot de 2 50... 1 55
Le pot de 4 fr... 2 60

ROGER & GALLET crême à la glycérine 3 nuances le pot de 2 fr... 1 20

GELLÉ frères crême à la glyc. le pot de 1 75... 1 20

CRÊME BOUCHARD l'étui de 6 fr... 5 50

VIOLET crême Tzarine pour le teint le pot de 2 fr... 1 25
Crême froide au suc de fraises, le pot de 2 50... 1 60
Crême Pompadour, le pot de 4 fr.. 2 90

LEGRAND crême Oriza de Ninon de Lenclos le pot de 5 fr 3 05
Crême froide au lait de benjoin, le mod. de 2 50... 1 75

FAY crême **Impératrice** blanc gras, 3 nuances, le pot de 3 fr. 1 70
Crême Camélia, 3 nuances, le pot de 5 fr... 3 20

SENET pâte des Prélats, blancheur des mains le pot... 4 50

ED. PINAUD Crême à la fraise, le pot de 2 fr... 1 40
Crême neige, le pot de 3 fr... 2 25

ORIENTALE crême pour le teint à la Glycérine le pot. 0 70

ATKINSON (de Londres) glycerine cream, le pot de 2 90.. 0 90
white rose, cold-cream, le pot... 0 90

HOUBIGANT crême à la vaseline le pot de 3 50... 1 75
Philodermine, le pot de 2 50... 2 20
Crême Ophélia, le pot de 5 fr... 3 90
Cold cream Houbigant, le pot de 2 fr... 1 40

LANCELOT vaseline française, extra diaphane 1re qualité le flacon... 0 65

boîte de 125 gr.	boîte de 250 gr.	boîte de 500 gr.
95	1 75	2 75

La même que la précédente, blanche 2e qualité... la boîte de 250 gr. 1 25

L. T. PIVER Crême de Concombres au lait d'Iris le pot... 1 15

CRÊMES & VASELINES

VIEILLARD crême Glycidia pour la beauté des mains le pot........ **2 90**

PATE du **Harem** de Madame Vachon, le pot de 3 fr...... **2 25**

DORIN Vaseline parfumée 250 gr. **1 90**, 125 gr. **95**, 60 gr... **0 60**

Crême Daniel à la glycérine, flacon cristal de **6** fr.......... **3 90**

Vaseline extra pure, sans parfum, la boite métal de 500 gr. **2 90**, 250 gr. **1 50**, et 125 gr........ **0 75**

Crême veloutée (crême pour bals et soirées) 3 nuances.......... **2 90**

Vaseline parfumée à la rose 125 gr. **1 25**

JAVA, BOURJOIS & Cie crême pour le teint ; le pot porcelaine....... **1 25**

ROGER & GALLET crême pour le teint à la clycérine, parfumée à la viol. le pot... **1 25**

WIGGISHOFF Vaseline au Lilas fleuri, le pot...... **1 45**

Vaseline Ivoirine P M.......... **0 60**

Crême pour le teint au Lilas fleuri, le pot.......... **1 75**

Crême Paris Parfum, boite opale, au lieu de 1 50.......... **1 10**

BOSSARD-LEMAIRE Reine des Crêmes le pot de 2 fr.......... **1 40**

Le pot de 3 50,.......... **2 40**

GELLÉ Fres crêmes d'amandes le pot de 125 **gr**........ **0 95**

PATE AGNEL le pot.......... **1 45**

ROGER ET GALLET Pâte d'Amandes Bise amère........le paquet de 125 **gr**. **0 30**

PATE D'AMANDES liquide **DES PARFUMERIES RÉUNIES**, pour blanchir et adoucir la peau, le pot.......... **1 25**

VASELINE PARFUMÉE **DES PARFUMERIES RÉUNIES**, parfums assortis le pot **1 45** et.......... **0 75**

PATES D'AMANDES blanches amères **DES PARFUMERIES RÉUNIES** le paquet.......... **0 65**

EAU DISTILLÉE de roses, **DES PARFUMERIES RÉUNIES**, pour les soins du visage le litre **2 45** le 1/2 litre.......... **1 75**

CRÊME KILIA-LYS **DES PARFUMERIES RÉUNIES** le pot **1 45** et.......... **0 95**

COLD-CREAMS

ROGER ET GALLET Cold cream aux violettes des Alpes, le pot au lieu de 2 50. **1 75**

ED. PINAUD Cold cream anglais le pot au lieu de 1 25 **0 75**

Cold cream fin, le pot de 1 75...... **1 25**

MOTHIRON Cold cream, le pot........ **0 95**

VIOLET Cold cream, le pot au lieu de 2 fr.......... **1 25**

ORIZA LEGRAND Cold cream, le pot de porcelaine décorée au lieu de 3 50.......... **2 25**

L. T. PIVER Cold cream au lait d'iris, le pot de 2 fr. **1 15**

FARDS

DORIN Rouge végétal et blanc de Perle sur plaque, extra fin la boite ... 0 50

Rouge végétal, en poudre, nos 12, 18, 24, la boite ... 0 35

Rouge et blanc sur plaque ... 0 25

Rouge et blanc en poudre, boite, bois » 65 et ... 0 35

Rouge fin parfumé, la b. aluminium avec la houppe ... 2 75

Rouge de **Dorin** extra fin aux fleurs l'écrain en velours ... 7 50

Rouge et rose Marie-Antoinette, pour la ville, la boite ... 4 50

Aux fleurs des Indes et blanc de perles superfin ... 1 75

Rouge fin de théâtre et blanc de perle sur plaque, la boite ... 0 65

Rouge fin aux fleurs et blanc de perles fin sur plaque la boite ... 0 80

Rouge gras de Paris pour les lèvres la boite ... 0 60

Rouge et rose gras de Paris pour le teint, la boite bois ... 1 25

Blanc gras pour théâtre. 6 teintes, la boite porcelaine ... 0 75

Blanc gras superfin rose, blanc et rachel, la boite ... 0 90

Blanc gras pour théâtre, le pot ... 0 75

Blanc liquide à la glycérine pour les artistes, le grand mod. de 2 fr. ... 1 10

Blanc liquide à la glycérine 6 teintes le grand flacon ... 1 25

Blanc liquide **Delaunay**, le grand modèle de 4 francs **2 40**, le modèle de 2 fr. ... 1 10

Blanc Médicis, le pot de 2 50 ... 1 45

Blanc de perle, diaphane, rose, blanc, rachel, la boite ... 1 25

Blanc **Daniel** onctueux, pour le teint, la boite porcelaine ... 1 90

Blanc et rouge sur plaquette superfin aux Fleurs de lys la boite ... 1 75

Crayon **Daniel** couleurs assorties le crayon ... 1 15

Crème du Sérail, rose, blanc, rachel la boite porcelaine ... 0 90

Pâte Dorin pour la beauté des ongl. la boite ... 0 95

DORIN crème veloutée, le pot de 5 fr. ... 3 50

Crême veloutée pour bals et soirées 3 nuances ... 2 90

Noir indien pour les yeux l'étui ... 0 20

Noir indien la boite de 2 fr. ... 1 45

Fard indien pour les yeux la boite de 3 fr. ... 1 50

Bâton **Dorin** nuances courantes, gr. mod. » **90**, petit modèle ... 0 50

Bâton **Dorin**, l'étui assorti de 8 teintes ... 2 25

Bâton **Dorin** garanti inoffensif, 20 teintes, le grand bâton ... » 90

Bâton Cacao pour dégrimer le bâton ... » 95

Beurre de Cacao pour les lèvres l'étui ... 0 40

Pommade Rosa Daniel infaillible c. les gerçures des lèvres, l'étui ... 0 65

Poudre grasse la boite **1.10** et ... 0 60

Poudre de riz adhérente, 4 nuances la boite de 1.25 ... 0 60

Poudre émail pour les ongles, la boite de 1 fr ... 0 65

Veloutine sans bismuth, la boite ... 1 40

Dorine poudre de riz compacte, 4 nuances la boite alluminium ... 2 20

Dépilatoire inoffensif, 3 mod. **6 50** **3 90** et ... 2 90

El Mesdjem, poudre genre Koheuil donnant aux yeux un éclat surprenant l'étui complet **12 75** ... 3 75

Bleu pour veines la boite avec accessoires ... 1 75

Email oriental pour la beauté des ongles, l'étui avec pinceau ... 1 75

Vaseline parf. b. imitation ivoire **1 90**, » **95** et ... 0 60

Koheuil indien pour les yeux avec estompe, l'étui cuir ... 3 40

Vinaigre de rouge, en flacon, pour les lèvres ... 0 40

Estompes pour les yeux ... 0 25

FARDS

DORIN Raisin-bijou pour les lèvres, blanc, rose, rouge, rouge vif étui carton .... » 40

Raisin-breloque pour les lèvres 1 25

Le même que le précédent, étui métal à poussettes .... » 60

Le même que le précédent, étui nickel, qualité extra .... » 90

GRENADINE LÈVRES	BARIL POUR LEVRES
» 95	» 60

ROUGE DE PARIS	POMMADE DE FRAISES
» 60	» 40

CRAYON coulisse	CRAYON nickel	CRAYON russe extra
» 35	» 60	1 75

DORINE POCHE rechange	DORINE POCHE carton et houppe	DORINE G. M. cab. de toil.
» 50	» 75	1 75

ROUGE VÉGÉTAL pot poulie	ROUGE VÉGÉTAL des Artistes	ROUGE DE POCHE parfumée
1 40	1 75	1 10
BLANC GRAS des artistes	**BLANC MÉDICIS** en étui	**CRÊME DANIEL** flacon cristal
1 10	1 45	3 90

BLANC DE PERLES liquide	BLANC DANIEL à la glycérine	EAU VELOUTÉE en étui
65	1 75	2 90

ROUGE ET BLEU GRAS électrique. La boite bois	ROUGE DANIEL onctueux pour le teint
1 75	1 25

MOTHIRON blanc impératrice, rose, blanc, rachel, la boite porcelaine 0 95

Blanc de lys liquide rose, blanc, rachel, rachel clair, le flacon 0 90

Le grand flacon 1 25

Rouge fin sur plaque aux fleurs nº 12 18, 24, la boite 0 50

Le même extra fin, la boite 0 65

MOTHIRON rouge gras pour les lèvres nº 24, la boite porcelaine .... » 60

Raisin pour les lèvres, rose, rouge, rouge foncé, l'étui métal .... » 50

Vinaigre de rouge extra, le grand flacon .... » 35

Fards en bâton, 21 teintes le bâton long .... » 90

Le bâton court .... » 50

Etui-trousse, 8 bâtons, couleurs assortis, l'étui 2 25

Crayon perfectionné pour les yeux, les sourcils et les veines, 8 teintes le crayon .... » 95

Crayon pour les veines et les rides, 20 teintes, le crayon .... » 35

Crayon pour les yeux, noir, blond, châtain, l'étui coulisse .... » 25

Beurre de cacao pour l'enlèvement du fard, le bâton dans un étui .... » 95

Poudre grasse adhérente, 21 teintes la boite métal .... » 95

Poudre de riz, rose, blanche, rachel le paquet .... » 35

Poudre à poudrer 9 teintes, la boite .... » 90

Fard indien se chauffant, pour les yeux, la boite 1 50

Fard onctueux, 20 teintes la boite 1 50

Cosmétique **Montaland** pour les yeux, se chauffant le bâton 1 25

Koheuil indien pour les yeux, le nécessaire complet 2 50

Rose et rouge électrique, la boite palissandre 2 50

CH. FAY Blanc de lys en pommade pot bas, 3 nuances, au lieu de 2 fr 1 45

Blanc liquide des sultanes le flacon de 2,50 .... 1 40

Circassienne pour les yeux, l'étui avec accessoires au lieu de 6 fr 3 75

Crême impératrice, blanc gras, 3 nuances, le pot de 3 fr 1 70

FARDS

Article	Prix
CH. FAY poudre à poudrer blanche la boîte	1 25
Crème camélia, blanc gras 3 nuanc. le p. de 6 fr	3 20
incarnat de Chine, le carnet de 2 fr	1 25
Rouge pour les lèvres, boîte porcelaine, au lieu de 1 fr.	» 75
Rouge sur plaque superfin la b. de 4 fr.	2 50
Rouge sur plaque dit rose de ville la boîte de 6 francs **3 50**, le modèle de 4 francs	2 50
Pommade au raisin, pour les lèvres étui carton bleu, au lieu de 1 fr...	» 75
POTONIÉ baume incarnat pour les lèvres, en bât. 2 n.	» 95
Le même, en boîte bois........	1 25
Ciltophile, 4 nuances l'étui avec accessoires........	2 75
Crème Ninon rosée, étiquette noire le pot	2 90
Crème de Turquie, blanche, rachel étiquette noire, le pot........	2 90
PANAFIEU raisin vermeil pour les lèvres, bâton en étui carton rouge........	» 30
Raisin aux feuilles de roses, étui métal à glissette, vignette bleu...	» 40
Le même que le précédent. vignette rouge........	» 60
Mascaro, 4 nuances, la boîte avec brosse, au lieu de 1 50........	» 95
Le même sans accessoires........	» 50
Pâte rubis pour les ongles........	» 75
Rose princesse en poudre........	» 30
Noir miniature pour les yeux, en étui rond avec estompe........	» 65
Fard à sourcils avec le pinceau l'étui rond........	» 95

Article	Prix
VIARD eau de Ninon 3 teintes le flacon........	1 90
PANAFIEU poudre de riz fleur des grâces le grand modèle de 2 fr........	1 20
Blanc princesse liquide 3 nuances le flacon........	» 35
Blanc gras et rouge gras, boîte métal........	» 35
Rose princesse, liquide **0 60** et...	» 35

MOUCHES, POUDRE ÉTINCELANTE INCARNAT DE CHINE, ETC.

Article	Prix
J. C. WIGGISHOFF rose liquide pour les ongl. le flacon avec pinceau........	1 25
Rouge végétal 4 teintes sur plaquette la boîte de 1 fr........	0 75
Bleu onctueux, 3 teintes, boîte buis au lieu de 2 fr........	1 45
LADVOCAT-DARQUET fard indien pour l. yeux 4 nuances........	1 25
Eau de la Fée rose **4 75**, **2 90** et	1 90
Eau de Ninon, le modèle de 8 fr...	4 90
LECONTE sève sourcillière.....	4 50
GUESQUIN dépilat. l'étui de 6 fr.	3 90
ROSALINE D'ARABIE rouge liquide pour le teint et les lèvres........	1 40
ROGER & GALLET Pommade pour l. lèvres blanche, rose et rouge cerise l'étui	0 40
ROSE MYSTÉRIEUSE pour le teint et les lèvres........	1 50

Article	Prix
POUDRE JAPONAISE **DES PARFUMERIES RÉUNIES**, pour émailler les ongles la boîte........	0 75
PATE JAPONAISE **DES PARFUMERIES RÉUNIES**, pour colorer les ongles la boîte........	0 95
EMAIL JAPONAIS **DES PARFUMERIES RÉUNIES**, pour la beauté des ongles l'étui avec pinceau........	1 75

POMMADES

LECHAUX pommade hygiénique contre la chute des cheveux le pot de 4 fr. **3 50**

GELLÉ Frères, ROGER et GALLET, VIOLET, DELETTREZ, PINAUD, HOUBIGANT, PIVER, ETC. le pot à **1 45**, » **90**, » **60** et » **40**.

CHARBONNIER Pommade tonique rafraîchissante le pot de 3 fr. **1 90**

GELLÉ Frères. Pommade Régénérateur le pot porcelaine **1 75**
Pommade à la glycérine, le pot **1 75**

HOUBIGANT Pommade maréchale 12 p., le pot. **1 45**

Dr SAIDI pommade antipelliculaire le pot.......... **1 75**

ED. PINAUD Moëlle de bœuf au quinine le pot **1 25**
Pommade de Dupuytren le pot.......... **1 25**

J. M. FARINA Pommade extra-fine, à la violette, le pot porcelaine.......... **1 90**

Dr ALLAIN Pommade le pot de 3 fr. **1 90**

AUBERT Pommade, le modèle de 3 fr.......... **1 90**

MAINNIER Pommade, le modèle de 3 fr.......... **1 75**

LUBIN Pommade Borghese.......... **2 40**

BRILLANTINES POUR LA BARBE ET LES CHEVEUX

GELLÉ Frères, PIVER, ROGER et GALLET et VIOLET Parfums assortis le flacon **0 60**

GELLÉ Frères, fluide persan le flacon.......... **1 45**
Paris-Caprice le flacon **1 50**

ED. PINAUD brillantine à la violette de Parme, le fl. de 4 fr. **2 25**, et le flacon de 1 25.... **0 90**
Brillantine solidifiée parfums ass. au lieu de 2 fr, le flacon.......... **1 25**

L. T. PIVER Brillantine sèche à la violette opoponax portugal foin coupé le flacon.......... **1 05**
Brillantine congelée tous les parf. le flacon.......... **1 60**

L. T. PIVER Brillantine au Corylopsis, fl. de **3 50** **2 45**

ORIZA LEGRAND Brillantine, tous les parfums le flacon.......... **2 25**

ED. PINAUD Brillantine assortie de parfums, le flacon bouché émeri, au lieu de 4 fr.... **2 25**

VIOLET Brillantine extra-fine, au foin coupé, chypre, violette, héliotrope, ylang-ylang, le flacon au lieu de 4 francs.......... **2 25**

HOUBIGANT Brillantine à la violette, héliotrope, foin coupé, opoponax, le flacon...... **2 25**
Brillantine congelée, tous les parf. le flacon.......... **2 75**
Brillantine le flacon de 3 francs... **2 10**

BRILLANTINE **DES PARFUMERIES RÉUNIES**, Tonique et Onctueuse, spéciale pour l'ondulation, parfums assortis, le flacon **1 25** et.......... **0 75**

BRILLANTINE extra-fine, (marque rouge) **DES PARFUMERIES RÉUNIES**, parfums assortis, le flacon **1 75** et.......... **0 95**

LOTIONS & ARTICLES DIVERS

Dr SAÏDI lotion régénératrice le 1/2 litre 5 95 le 1/4 l. 2 25 le PM. **1 45**

LOTION CAUMONT le flacon.. **5 25**

ORIZA LEGRAND lotion violette et héliotrope, le flac. au lieu de 3 50.......... **2 10**

ROGER & GALLET lotion rhum et Quinquina le 1/2 litr. 3 75, le 1/4 de litre 2 75, le flacon.......... **1 35**

Eau de quinine le flacon.......... **1 45**

Lotion vera violetta le fl. 1/4 litre.. **4 75**

RASPAIL Lotion tous les parfums le flacon.......... **1 90**

HOUBIGANT Eau de quinine le flacon.......... **1 50**

Lotion pour les cheveux à l'héliotrope blanc le grand flacon de 4 fr **2 60**

CAMUS Schampooing américain, le litre 1 30, le 1/2 litre. **0 75**

L. T. PIVER eau de quinine, le modèle 2 fr....... **1 45**

Dr ROFF Lotion antipelliculaire et contre la chûte des cheveux, le modèle de 5 fr. 4 75, le mod. de 3 **2 75**

ED. PINAUD eau de quinine tonique le litre 6 25 le 1/2 lit. 3 25, le gr. fl. 2 75 et.......... **1 35**

Lotion au portugal le litre de 8 fr. 5 90, le 1/2 lit. 3 40, le fl.......... **1 35**

Extrait végétal à la violette, à l'ixora, à la rose, le flacon de 3 francs.. **1 90**

Le litre 9 75, le 1/2 litre 5 25, le grand modèle.......... **3 95**

Schampooing alcoolisé, demi-litre 2 45, le litre.......... **4 50**

Baume dermique.......... **1 40**

VIOLET eau de quinine le flacon de 2 fr.......... **1 45**

Lotion au muguet, le flacon de 2 fr.......... **1 45**

GELLÉ Frères lotion à la glycérine.......... **1 45**

Eau de quinine, au lieu de 2 francs.......... **1 45**

LEGRAND lotion quinine, le modèle de 4 francs 2 75, le m. de 2 francs.......... **1 40**

SCHAMPOOING AMÉRICAIN alcoolisé, **DES PARFUMERIES RÉUNIES**, le litre 3 45, le 1/2 litre.......... **1 95**

LOTION VÉGÉTALE **DES PARFUMERIES RÉUNIES**, parfums assortis, le flacon.......... **2 25**

EAU DE QUININE tonique **DES PARFUMERIES RÉUNIES**, le litre 5 50, le 1/2 litre 3 25, le grand flacon stilligoutte 2 45, le petit flacon stilligoutte.... **1 35**

LOTION Rhum et quinquina **DES PARFUMERIES RÉUNIES**, pour les soins de la chevelure, le flacon stilligoutte.......... **1 35**

LOTION au Pootugal **DES PARFUMERIES RÉUNIES** pour les soins de la tête, le litre 5 50, le 1/2 litre 3 25, le grand flacon stilligoutte 2 45 le petit flacon stilligoutte.......... **1 35**

HUILES POUR LES CHEVEUX

VIOLET Tous les parfums, le flacon 0 40

Au quinine le flacon 0 90

Huile thridacéïne, tous les parfums le flacon 1 40

Huile Meiza de Perse, le flacon 1 90

ED. PINAUD huile à la Violette de Parme, le modèle de 4 fr. 2 40, le mod. de 2 fr 1 25

Huile antique au lieu de 1 50 .... 0 95

Huile au quinine, le flacon de 3 fr 1 85

L. T. PIVER Huile assortie de parfums, le flacon 1 05

Huile au Corylopsis, le flacon de 3 francs 2 40

RASPAIL Huile hygiénique, assortie de parf. le flacon 1 75

GELLÉ Frères. Huile au quinquina, le flacon 1 25

Huile Paris-Caprice, le flacon 1 50

Huile à base de glycérine, le flacon 1 75

GELLÉ Frères, PIVER, PINAUD, ROGER & GALLET & VIOLET. Huiles assorties de parfums le flacon 0 60

HOUBIGANT Huile extra-fine tous les parfums, le flacon 2 25

ORIZA LEGRAND au lieu de 2 fr 1 35

HUILE ANTIQUE divers fabricants, le flacon 1.45, 1.10, » 75, » 65 et 0 35

HUILE extra fine **DES PARFUMERIES RÉUNIES** (Marque rouge), parfums assortis, le flacon **1 45** et 0 95

COSMÉTIQUES

ED. PINAUD cosmétique à la violette, vanille, héliotrope bl. le bâton **0 65** et 0 35

Aux violettes de Parme le bâton de **2 50** 1 90

Cosmétique monstre 1 45

» » qualité supér. 1 60

VIOLET cosmétique surfin, héliotrope, jasmin, violette et vanille, le bâton 0 60

VIOLET cosmétique extra-fin, violette de Parme, héliotrope bl., le bâton de **3** fr 1 90

L. T. PIVER cosmétique superfin, violette, opoponax, vanille, héliotrope, ylang-ylang, le bâton 0 75

ROGER & GALLET cosmétique violette, héliotrope, vanille, étui glissette » **95** et 0 75

COSMÉTIQUE surfin, **DES PARFUMERIES RÉUNIES**, Violette, Héliotrope et Portugal, étui glissette 0 75

COSMÉTIQUE (Marque Rouge) **DES PARFUMERIES RÉUNIES**, Violette, Héliotrope, Peau d'Espagne, le bâton **0 60** et 0 35

TEINTURES & RÉGÉNÉRATEURS

EAU MELBA pour l'ondulation des cheveux...... **1 50**

NIGER Teinture progessive, le flacon.................. **2 90**

EAU DES FEES Teinture progressive Sarah Félix le flacon de **6** fr.................. **3 10**

KROMATOGÈNE Teinture instantanée, inoffensive de **E. D. Pinaud** au lieu de **8** fr... **5 60**

ROYAL CHAMBORD Régénérateur le fl. **2 50**

BLONDE comme les blés de **Robinet** le flacon au lieu de **5** francs.................. **2 90**

RÉNOVATEUR ROBINET à base de quinine, teinture instantanée, brun, noir châtain, blond, le flacon........ **3 50**

EAU CAPILLAIRE progressive le flacon... **3 75**

LA SANS RIVALE du **Dr Richards** eau instantanée inoffensive blond, brun, noir, châtain, la boite.................. **5 90**

MELROSE régénérateur pour les cheveux le grand modèle de 8 fr. **4** fr. le mod. de 4 50.................. **2 20**

Mrs S. A. ALLEN régénérateur universel le flacon de **8** fr.... **4 40**

ROYAL WINDSOR régénérateur de la chevelure gr. mod. de 8 fr. **4 75**, le mod 4.50 **2 45**

EAU TREMOLIÈRE de **Violet** **4 90**

Dr RICHARDS teinture instantanée, le flacon. **4 75**

SALLÈS teinture progressive ou instantanée, l'étui de **6** francs.................. **3 90**

ORIZALINE de **Legrand**, instantanée, l'étui de **6** francs.................. **4 50**

SUBLIMIOR Régénérateur le fl. **1 75**

CHABRIER extrait de henné progressif en 1 flacon, l'étui de **4** francs.................. **2 75**

Poudre de henné pour teindre les cheveux en blond foncé, l'étui de **2** francs.................. **1 45**

Extrait de henné, toutes nuances en flacons (instantané), l'étui de 1 flacon.................. **3 75**

L'étui de 2 flacons.................. **4 75**

Henné de la Mecque.................. **4 75**

Extrait de henné liquide et poudre à mélanger, châtain et brun, l'étui de 5 fr.................. **2 90**

Secret oriental, teinture instantanée en brun 2 flacons à mélanger, l'étui de 5 francs.................. **3 75**

Dr BRIMMEYR eau capillaire progressive le flacon de 6 francs.................. **3 75**

NIGRITINE de **Gellé Frères** l'étui de **6** francs.. **4 75**

EAU CHARBONNIER teinture progressive le flacon de **6** francs.................. **3 90**

EAU DES BLUETS le flacon **4 25**

RÉPARATEUR CRUCQ au lieu de 4 fr **2 60**

AUREOLINE de Robare le mod. **8** fr.................. **4 90**

Le grand modèle de **15** francs.... **9 50**

EAUX OXYGÉNÉE le flacon de **2** fr.......... **1 00**

Le litre.................. **6 75**

EAU ANTI CALVITIQUE **DES PARFUMERIES RÉUNIES**, Produit spécial recommandé pour provoquer la pousse des cheveux et en arrêter la chûte, le litre **12** francs, le 1/2 litre **6 50** le flacon.................. **2 25**

TEINTURE VÉGÉTALE **DES PARFUMERIES RÉUNIES**, innoffensive, garantie sans sels d'argent, de plomb, de cuivre ou de fer, le flacon.................. **4 75**

EAU OXYGÉNÉE **DES PARFUMERIES RÉUNIES**, pour blondir et éclaircir les cheveux, le litre **6 75** le 1/2 lit. **3 75**, le grand flacon **2** francs le petit modèle.................. **1 00**

CIRES A MOUSTACHES

VIOLET cire à moustaches le bâton................ » 35

GELLÉ Frères Pommade Hongroise pour fixer les moustaches, le flacon **1 45** et.................. » 65

EAU CÉZARINE pour fixer les moust. le fl... 1 75

F. CRUCQ aîné, la czarine p. les moustaches le fl. 1 25

L. PANAFIEU P^de Mousquetaire la boîte métal... » 35

GELLÉ Frères, PINAUD, ROGER & GALLET, Pommade Hongroise, le flacon.................. 0 65

POUDRE A SACHETS

HOUBIGANT Poudre à sachets, Iris de Florence, le paquet de 125 gr.................. 1 10

Poudre à sachets, violette de Parme le grand flacon.................. 3 90

HOUBIGANT Poudre à sachets, parfums très puissants, le gr. fl. de 1/4 de litre.................. 5 90

POUDRE D'IRIS de **Florence** 1e qual. le sac » 50

Le paquet de 250 grammes.................. » 95

POUDRES A SACHETS **DES PARFUMERIES RÉUNIES**, odeurs assorties modèle carré le flacon **3 75** et.................. 1 45

POUDRES A SACHETS, Bouquet Royal, parfum exquis, spécialité **DES PARFUMERIES RÉUNIES**, le gramme.................. 0 05

POUDRE D'IRIS D'ITALIE **DES PARFUMERIES RÉUNIES**, pour parfumer le linge, le paquet **0 95** et.................. 0 50

IRIS DE FLORENCE **DES PAFRUMERIES RÉUNIES**, pour parfumer le linge le ballot.................. 0 50

SACHETS

VIOLET 12 parfums héliotrope blanc ylang-ylang, opoponax, maréchale, peau d'Espagne, ess. bouquet, Jockey Club, white rose, new mown hay musc et violette de Parme, le sachet...... » 75

L. T. PIVER sachet au Corylopsis du Japon le sachet au lieu de **5** fr.................. 3 90

Sachet à la peau d'Espagne au lieu de **4** fr.................. 2 45

Le modèle de 2 50.................. 1 45

PINAUD sachets aux violettes de Parme.................. 2 90

A l'iris.................. 1 45

DELETTREZ sachet à l'Amaryllis du Japon, le sachet » 35

SACHET EN SATIN pour corsage, 12 parf. depuis.................. » 45

HOUBIGANT Sachet en satin Impérial Russe... 2 75

ROGER & GALLET sachet vera violetta... 2 90

BAINS DE SON

VIOLET Bain de son, parfum à la Lavande et aux amandes le sac .... » 40

ROGER & GALLET Bain de son, parfumé à la pâte d'amandes amères, le paquet » 40

ROGER & GALLET Bain de son, parfumé à l'eau de Cologne, Opoponax et Violette, le sac .... » 75

Vve BOSSÉ Bain de son le sac » 45

BAIN DE SON **DES PARFUMERIES RÉUNIES,** parfumé, savonneux, hygiénique et rafraichissant, Violette et Verveine, le sac .... » 75

LAVANDE ET AMANDES AMÈRES, le sac .... » 45

LAVANDE ET AMANDES AMÈRES, la douzaine 4 75

HOUPPES

HOUPPES en vrai Cygne et laines pièce **1 50, 1 25, » 90, » 70, » 55, » 40** et » 25

En velours de laine, **1 25, » 95, » 75, » 65, » 55, » 45, » 35** et » 25

HOUPPES SERVIETTES en Cygne, **1 50, 1 25, » 95, » 75, » 50** et » 25

En velours de laine, **1 50, 1 25, » 95, » 65, » 45** et .... » 25

PATTES de lièvres pour étendre les fards, **» 90, » 65 » 50** et » 35

BROSSES en velours pour étendre les fards, **1 90, 1 75** et 1 25

BROSSES A POUDRE velours **1 45** et 1 10

Poils de chèvre, depuis .... » 45

BROSSES A DENTS & A ONGLES

A DENTS Qualité extra garantie 5 rangs **1 10,** 4 rangs **» 90,** 3 rangs .... » 65

— et à ongles, 1er choix, **» 90, » 65, » 50, » 40, » 35** et .... » 25

— et ongles en ivoire, **7 50, 5 50, 4 50, 3 90** et 2 75

A DENTS BLAIREAU qualité recommandée 5 rangs, **1 45** et **1 25.** 4 rangs **1 25** et **» 95,** 3 rangs .... » 75

A DENTS **MANCHE** ébène, soie extra : 5 rangs **1 25,** 4 rangs **» 95.** 3 rangs .... » 75

— **MANCHE** bufle, qualité super. **» 75** et.. » 45

— **MANCHE** bufle soie extra **1 25** et .... » 95

— **MANCHE** ivoire, qualité exceptionnelle **3 90** et 2 90

BROSSES A DENTS caoutch. **1 25** et. 1 »

BROSSES A TÊTE

MANCHE olivier, soie blanche, 1 75 soie noire....... **1 45**

Olivier soie brune, qualité extra, 13 rangs 4 50, 11 rangs 3 45, 9 rangs........................ **2 45**

Ébène, qualité extra soie blanche, 17 rangs 8 75, 15 rangs 7 90, 13 rangs 6 50, 11 rangs 4 75, 9 rangs... **3 60**

MANCHE citronnier, bonne qualité depuis.............. **1 45**

Citronnier, soie blanche extra, qualité spéciale 15 rangs, 5 75, 13 rangs 4 75, 11 rangs 3 75, 9 rangs.......... **2 75**

A TÊTE citron chevillé, extra soie, 4 75, 3 90, 2 75, 1 90 et........................ **1 40**

BROSSES A ONGLES

MANCHE os, soie blanche, qualité fine, 1 45, 1 25, » 95 » 65, » 45 et.................. **» 25**

Os, qualité garantie, 3 90, 2 45, 1 90 et.......................... **1 45**

Buis, soie brune, 2 45, 1 90, 1 40, » 95 et.......................... **» 75**

Ebène, soie blanche, 2 60, 1 75, 1 45.......................... **1 25**

Ébène, soie blanche, qualité exceptionnelle, 3 75 et.............. **2 50**

MONTURE os, sans manche, qualité extra 2 45, 1 90, 1 40 et.................. **1 25**

Buis, sans manche, soie brune, très dure, 2 90, 2 45, 1 90, 1 40 et.......................... **» 95**

BROSSES anglaises sans manche » 45, 35, 30 25 20 15 **» 10**

A ONGLES os, buis, ébène, 10 rangs 2 90 8 rangs 2 40, 7 rangs 1 90, 6 rangs.................. **1 40**

BROSSES A HABITS

PALISSENDRE soie noire 1 45 et.............. **1 25**

Soie blanche, 5 90, 4 90 et...... **3 90**

MONTURE bois des Iles, soie grisaille, 5 50, 4 90, 3 90, 2 90 et.................. **2 45**

MONTURE ébène, soie blanche, extra, 8 75, 7 90, 6 50, 5 90 et.. **4 75**

A HABITS citron, chevillés soie extra, 4 75, 3 90, 2 75, 1 90 et............ **1 40**

PEIGNES-DÉMÊLOIRS

DÉMÊLOIRS Buffle et corne blonde, en bonne qualité, 1 90, 1 75, 1 60, 1 45, 1 25, » 95, » 65 et ... » 45
En corne d'Irlande, 1 75, 1 60, 1 40, 1 25, » 95, » 85 et ... » 75
Écaille véritable depuis ... 3 25
En celluloïd, imitation écaille et ivoire, 2 75, 2 45, 1 90, 1 75, 1 45 et ... » 95

LES MÊMES baguettes double, qualité extra, 3 50, 3 25, 2 90, 2 45, 2 25, 1 45 et ... » 90

PEIGNES de poche en tous genres depuis ... » 25

LISSOIRS ET PEIGNES FINS toutes matières depuis ... » 25

DÉCRASSOIRS Corne Irlande en buffle 1 25, 1 05, » 90 ... » 65
DÉGRASSOIRS ivoire, 4 75, 3 90, 2 75, 1 90 et ... 1 40
DÉGRASSOIRS écaille 8 50, 5 50, 4 75 et ... 3 90

ARTICLES DIVERS & ANTISEPTIQUES

GELLÉ Frères Vetyver de l'Inde le paquet ... 0 20

J. M. VIAL de Saint-Étienne, alcool de menthe, le gr. flacon 2 75, moyen 1 40, petit ... » 95

RASPAIL alcool de menthe hygiénique, le flacon ... » 95

RICQLÈS alcool de menthe le flacon ... 1 10

BOYER eau de mélisse des Carmes, le flacon ... » 80

DUSSER dépilatoire pour le visage, au lieu de 10 fr. ... 7 50
Pilivore pour les bras et le corps, le modèle de 10 fr. ... 7 50

SENET antibolbos, le modèle de 5 francs ... 3 90
Pâte des prélats, le modèle de 6 francs ... 4 50

VIOLET pastilles ambrosiaques pour parfumer l'haleine, la boîte de 2 fr. ... 1 45

SAVONS spong-soap, pour nettoyer les éponges ... » 65

PATE ZÉOLITHE pour les rasoirs, le bât. ... » 25

COSMÉTIQUES toutes nuances depuis ... » 35

POUDRE de Savon pour la barbe, div. marques, depuis ... » 40

CRÊME de savon pour la barbe, différentes fabrications, depuis ... » 95

EUXESIS de Lloyd pour la barbe, le tube de 2 fr. ... 1 25

PRODUITS SPÉCIAUX POUR LE VAPORISATEUR

POUDRE à ongles, la boîte ... » 60

PIESSE et Lubin ruban de Bruges, la boîte ... 1 25
Sachets, peau d'Espagne ... 2 60

PONSOT papier d'Arménie, les 12 cahiers 2 60, le cahier ... » 25

ARTICLES DIVERS & ANTISEPTIQUES

J. & E. ATKINSON sachets papier.... **80**

HOUBIGANT teinture de benjoin le fl. de 2 fr...... **1 60**
Atmosphère d'Arcachon, pour le vaporisateur, le flacon de 5 fr..... **3 60**

GELLÉ Frères, glycérine de toilette, le modèle de 3 francs 2 20 le mod. de 2 fr.................. **1 20**

PRICE'S glycérine anglaise, 3 40 1 70, 1 20, » 70...... **40**

Mme VACHON rosée du harem, le flacon de 5 fr. **4 40**

PINAUD sels anglais à l'iris lavande et violettes, le flacon **2 25**

MIGNOT (Ed. Pinaud). Aspasine le flacon de 5 fr......... **4 25**

VIARD eau de Ninon, 3 nuances, le modèle de 3 fr.......... **1 90**

CH. FAY eau supérieure, eau de lys, le fl. étui de 5 fr..... **3 75**

GORLIER eau Gorlier le flacon de 1 50.................. **1 25**

BUHLER crème pour nettoyer les gants, le pot.......... **1 »**

EAU MERVEILLEUSE CHARLEMAGNE pour détacher les vêtements, sans odeur le flacon 0 65 et.. **0 25**

NEUFALINE Eau à détacher, le flacon.......... **0 95**

BENZINE COLAS le flacon.... **1 10**

PHÉNOL BOBŒUF le flacon.. **1 10**

THYMOL DORÉ le flacon..... **1 25**

CRÊME pour chaussures vernis jaune e noir, chevreau le flacon 0 65 et.............................. **0 25**

ARTICLES DIVERS DE TOILETTE

BACCARAT garniture complète en cristal rose composée de 10 pièces 14 75 la même en blanc ou bleu.. **12 50**

SACS A ÉPONGES tissus 2 25 1 90 caoutchouc 1 40, » 95, » 75.............. **0 50**

FILET à éponges, montés bois, 2 25, 1 90, 1 45, 1 25, » 95 » 75, » 50.................... **0 35**
Modèle spécial et modèle unique... **0 65**

GANT pour la toilette en tissus épong. » 90 » 65 » 35 et. **0 25**
En crain. pour frictions 2 75, 2 20 1 75, 1 45 et................ **0 95**
En crains pour frictions, la pièce 2 25, 1 65, et................ **1 35**

LANIÈRES pour frictions, 6 50 5 90, 4 50, 3 60 et.. **2 90**

ÉPINGLES à cheveux, toutes forces, toutes qualités, le paquet depuis.............................. **0 10**

VAPORISATEURS bons systèmes modèles riches, modèles simples, depuis.......... **0 75**
Demi-cristal, avec tube intérieur en cristal.................. **0 95**
Cristal baccarat avec filet monté torse bleu blanc et rose teinté.... **1 95**
Cristal fantaisie 10 fr. 8 fr. 6 50, 5 75, 4 75, 3 90, 2 75, 1 95 et. **1 45**

INJECTEURS douches, 2 lit. de cont. l'app. comp. **3 95**

ARTICLES DIVERS DE TOILETTE

FLACONS de poche pour les sels et les parfums, cristal taillé depuis........................ **1 30**
De poche cristal, étui cristal, étui peau de Suède, **1 60** et........ **0 90**
Toilette cristal, tors bouché cristal ou métal, depuis.................. **1 25**
En buis pour le voyage **2 60, 2 25, 1 90, 1 50, 1 10**............. **0 95**

BOITES à poudre de riz, laque, bois ou cristal **3 90, 2 90, 2 10, 1 25, » 95**, et.................. **0 65**
A maquillage **3 90, 2 90**, et...... **2 25**

POLISSOIRS pour les ongles **2 45, 1 90, 1 45, 1 25, » 95** et........................ **0 65**

POLISSOIRS pour les ongles depuis............ **0 55**

FILETS A ÉPONGES modèle spécial et modèle unique.................. **0 65**

CISEAUX pour les ongles acier fin **4 50, 3 50, 2 90, 2 45, 2 10, 1 75, 1 20, » 95**........ **75**

LIMES à ongles ivoire et os **1 90 1 45, 1 20, » 90, 60, 45.** **25**
A ongles acier, **1 90, 1 25, » 95, » 75** et........................ **50**

PINCES à épiler, **1 45, 1 25, » 95 0 65** et........... **0 45**

FER A FRISER **4 90, 4 50, 2 90, 1 45,** et........................ **75**
5 branches, poli fin **3 90**, poli simple................ **2 90**
et onduler la pièce, **2 75, 1 90, 1 40, » 90**................. **50**

TIRE-BOUTONS divers modèles **2 90, 1 90, 1 75, 1 25, » 95, » 65, » 50** et...... **10**

FOURNEAUX pour les fers **7 25, 4 50, 3 75, 2 25, 1 75, 1 45**, et.................. **95**
Pour fers à friser la pièce. **13 75, 7 50 4 75, 3 90, 2 75, 1 90**, et.......................... **95**

RASOIRS français et anglais **6 50, 5 50, 3 50, 2 90, 2 25, 1 75**, et.................. **1 45**

CUIRS A RASOIRS **2 45 1 90, 1 45**, et.. **75**

BLAIREAUX A BARBE ivoire **8 50, 6 50, 5 50** et........................ **4 50**
BLAIREAUX A BARBE **3 90, 2 90, 2 25, 1 90, 1 60, 1 25**, et.......................... **95**

FILETS FRONTS en cheveux, toutes les nuances 2 pour........................ **» 15**
LES MÊMES extra 2 pour **» 55, » 35** et.................. **» 25**

GLACES A MAIN accajou, olivier, ébène la pièce **8 95, 7 50, 5 75, 3 90, 2 75, 1 95, 1 45, 1 », » 90, » 75**, et.............. **» 45**
3 faces, bronze décoré, **23 40, 17 50, 13 50**, et.............. **8 90**
GLACES A MAIN depuis.... **» 65**

SPONGIA SEL pour nettoyer les éponges et les brosses avec instruction, la boîte **1 25**, et.......................... **» 45**

ARTICLES DE PARIS

ÉPONGES Venise, toilette forme champignon, la pièce 5 75, 3 90, 2 40, 1 90, et.......... **1 25**

Fines grecques formes champignon la pièce depuis 15 francs à...... **3 75**

Venise toilette depuis.............. **» 25**

Smyrne et fine Syrie depuis » 50 jusqu'à.................. **25 »**

Mignon pour le blanc limpide...... **» 25**

GLACES de poche, initiales argent façon ivoire et écaille... **1 90**

De poche, arg. contrôlé Louis XV 15 50, 12 50 et................ **8 75**

ONGLIERS façon cuir russe, pièce ivoire 17 50, 12 50 et........................ **6 90**

TROUSSES toilette de poche en veau couleur et cuir russe 5 90, 4 90, 3 90, et.......... **2 90**

FLACONS de poche, bouchon argent doré........ **3 75**

BROSSES à moustache en argent Louis XV........ **2 45**

ÉVENTAILS gaze et dentelle, toutes couleurs peinture, oiseaux et fleurs 4 90 et......... **3 75**

Grand assortiment d'articles riches, monture bois laque, ébène, bois des îles à des prix exceptionnels de bon marché.

BOITES à gants et boîtes à mouchoirs en satin, laque, cuir de Russie, pour cadeaux.

SACHETS satin parfumés, décors, paysage fleurs et oiseaux, 35 » 29 » 24 50, 18 50, 15 25, 12 50, 8 75, 5 70, 4 90, 2 90, 1 75 et **1 45**

BOITES DE PARFUMERIE toute garnie de 2 90 jusqu'à........ **50 Fr**

EVENTAILS en plumes toutes les nuances, et en gaze, peinture, monture sculptée, article riche et soigné, prix exceptionnel.............................. **3 90**

ARTICLES D'ÉTRENNES

BOITES DE PARFUMERIES

Satin et Peintures, etc.

CE CATALOGUE ANNULE LES PRÉCÉDENTS

1896

Paris. — Imp. L. Maugnère, 14, Rue de Paradis.

SE HABLA ESPAÑOL

CE CATALOGUE ANNULE LES PRÉCÉDENTS